AF258268

PROJET

D'ORGANISATION

DES

COURS PRÉVOTALES

ET DE

LA GENDARMERIE ROYALE.

A PARIS,

CHEZ L.-É. HERHAN, IMPRIMEUR STÉRÉOTYPE de S. A. R.
Monseigneur DUC DE BERRY.

AN 1817.

PROJET D'ORGANISATION

DES COURS PRÉVOTALES

ET DE

LA GENDARMERIE ROYALE.

Les Cours d'exception existaient sous les plus anciens Gouvernemens. Les Romains les avaient instituées et nommées LATRUENCURATORES ; les Rois de France les ~~ont~~ créées sous la dénomination de Cours prévôtales ; ~~ont~~ existé sous différentes formes depuis 1100 jusqu'à la Révolution ; Louis XVIII, le Restaurateur de ~~r~~établies en novembre 1816.

point l'utilité, ou plutôt la nécessité de Cours. Les malheureux événemens, ~~leu~~r création, justifient assez que ~~on~~t prévu la nécessité de leur

~~Go~~uvernement un plan ~~én~~ergie et leur célé-~~ri~~queur.

surpassé ~~pa~~s le désir ~~pou~~r ma patrie

économie, moins ~~gendar~~merie, plus d'ensem-~~l'act~~ion si nécessaire entre ces deux corps qui doivent s'appuyer mutuellement, l'un par la force des *lois*, l'autre par celle des armes.

Il me paraît indispensable de donner aux Cours prévôtales et au Corps royal de la Gendarmerie toute la considération que ces corps n'auraient jamais dû perdre. Il est aussi essentiel d'en simplifier le rouage, d'éloigner tout ce qui est inutile, et de conserver ce qui paraît avantageux.

Je pense donc qu'on peut, sans inconvénient, supprimer les Chefs d'escadrons de la Gendarmerie et les Lieutenans en résidence dans chaque chef-lieu de département; le Capitaine, le Quartier-maître étant plus que suffisans pour centraliser la comptabilité, faire la correspondance et surveiller la police dans leurs arrondissemens.

Les Prévôts et les Colonels de Gendarmerie doivent être réduits au même nombre que les Cours royales ; leur ressort doit être le même : il en résultera plus d'uniformité dans les opérations et plus d'ensemble dans le service.

Il en sera de même pour les Lieutenans, qui ne seront conservés que dans les arrondissemens où il y aura des Tribunaux de première instance.

La Gendarmerie en général ne peut servir l'État qu'en s'entourant d'une grande considération, et de l'énergie qui lui est si nécessaire pour arriver à ce but. Il faut employer des moyens extraordinaires : les Inspecteurs sont trop éloignés de ce corps ; ils ne le voyent que rarement, ou pour mieux dire jamais, puisqu'ils n'ont de rapport qu'avec les Officiers. Leur inspection se borne, pour ainsi dire, à la comptabilité et à un ordre qu'ils laissent en partant; ils ne pourraient faire mieux quand ils le voudraient, cette troupe étant trop disséminée et offrant de trop grands inconvéniens pour la réunir.

Le Prévôt général, au contraire, à des relations continuelles avec les Gendarmes ; il est toujours, en voyage, entouré de Gendarmes, soit dans ses tournées, soit pour exercer ses fonctions ; il les connaît individuellement ; il a le plus grand intérêt à le faire : son honneur, ses devoirs lui en font une obligation. L'inspection générale ne peut donc être confiée à des mains plus sûres que celles des Prévôts généraux, et, par ce moyen, le Trésor n'aura pas à payer des Inspecteurs généraux ; leurs émolumens tourneront au bénéfice de l'Etat.

Voici donc le projet d'organisation que j'ai l'honneur de soumettre à LL. Exc. les Ministres du Roi :

TITRE Ier.

Aʀᴛ. Ier. Il n'y aura plus qu'un Prévôt pour chaque siége de Cour royale.

II. Le Prévôt prendra le titre de Prévôt général et pourra siéger à la Cour royale.

III. Le Prévôt général et le Colonel de Gendarmerie auront leur résidence près les Cours royales.

IV. Les Prévôts généraux rempliront les fonctions d'Inspecteurs généraux de la Gendarmerie royale dans tout leur ressort qui sera le même que celui de la Cour royale.

V. Les Prévôts pourront instrumenter dans toute l'étendue de leur ressort, partout où il y aura des Tribunaux de première instance.

VI. Les Prévôts et leurs Lieutenans ne seront pas astreints, comme par le passé, à prendre un Assesseur dans la Cour où ils siégent ; mais ils auront la faculté, pour éviter les inconvéniens du déplacement des Magistrats, et pour éviter les frais de route, d'en prendre un dans les Tribunaux de première instance où ils iront opérer. Cet Assesseur sera désigné par le Président du Tribunal de première instance ; s'ils instruisent dans un canton éloigné du Tribunal , ils s'adjoindront le Juge de paix du canton , et s'il y a empêchement, nn de ses Substituts.

VII. Les Capitaines et Lieutenans recevront un supplément de solde de 600 fr. par an , pour frais de bureau et de voyage , au moyen de quoi ils n'auront aucune autre indemnité à prétendre.

VIII. Les Officiers de Gendarmerie , chacun dans leur résidence , feront les fonctions de Sous-lieutenant du Prévôt général , et le Colonel celles de Lieutenant. Ces Officiers , chacun dans leur arrondissement , dresseront, au nom du Prévôt, tous actes judiciaires et procès-verbaux ; interrogeront les accusés ; prendront les dépositions des témoins , en présence de l'Assesseur qui leur aura été désigné , du Juge de paix ou de ses Suppléans , quand ces derniers rempliront les fonctions d'Assesseur. Ces Magistrats signeront toutes les pièces de la procédure avec les Prévôts ou ses Sous-lieutenans , sous peine de nullité. Cette mesure , en prévenant le déplacement des témoins , déchargera le Trésor d'une dépense énorme , et accélérera le cours de la Justice.

IX. La procédure ainsi instruite jusqu'au jugement de compétence , sera envoyée sans retard au Prévôt général , qui , après en avoir pris connaissance , fera rassembler la Cour prévôtale pour prononcer sur sa compétence. Dans les vingt-quatre heures qui suivront l'arrêt de la Cour prévôtale , le Prévôt enverra la procédure au Procureur général de la Cour royale , qui , dans les quarante-huit heures qui suivront cet envoi , sera tenu de la renvoyer au Prévôt, avec l'arrêt de confirmation ou d'infirmation de la Cour royale.

X. L'arrêt de compétence reçu, le Prévôt le renverra de suite, ainsi que la procédure, à son Lieutenant, afin d'as signer, le plus promptement possible, les témoins ; le jour sera fixé d'après les distances ; après quoi celui-ci fera remise de la procédure et de toutes les pièces au Procureur du Roi.

XI. Le Prévôt ne pourra se dispenser de se trouver aux débats le jour indiqué. S'il y manquait par négligence, il supportera tous les frais occasionnés par le déplacement des témoins ; s'il y a empêchement légitime, il sera obligé de le faire constater légalement. L'acte de constat sera joint à la procédure ; et, dans ce cas, le Prévôt sera suppléé par le Colonel de la Gendarmerie.

COMPOSITION DE LA COUR PRÉVOTALE
AU CHEF-LIEU DE LA COUR ROYALE.

Un Président de la Cour royale, présidant.
Le Prévôt général.
Trois Conseillers.
Un Officier de Gendarmerie pris dans la Résidence.
Le Procureur général ou un de ses Substituts.
Un Greffier assermenté.

FORMATION DE LA COUR PRÉVOTALE
Dans les lieux où il n'y a que des Tribunaux de première instance.

Le Prévôt général présidant.
Quatre Juges ou Substituts.
L'Officier de Gendarmerie de la Résidence.
Le Procureur du Roi,
Un Greffier assermenté.

TARIF

DU TRAITEMENT ACCORDÉ AUX MAGISTRATS,

COMPOSANT LA COUR PRÉVÔTALE.

DÉSIGNATION des Magistrats.	TRAITEMENT par an pour chaque Magistrat.	TRAITEMENT par an pour tous les Magistr.
83 Présidens	600 fr.	49,800 fr.
83 Procureurs du Roi.	1000	83,000
Frais de bureau.	300	24,900
	TOTAL....	157,700 fr.

DÉPENSE des Cours prévôtales actuellement en exercice, les Prévôts y compris................ 1,311,400 fr.

EN BÉNÉFICE, au profit du Trésor....... 1,153,700 fr.

PROJET D'ORGANISATION
DU CORPS
DE LA GENDARMERIE ROYALE.

TITRE Ier.

ART. Ier. Les emplois de Chef d'escadron de la Gendarmerie royale sont supprimés, ainsi que ceux de Lieutenant de la même arme, dans les chefs-lieux de département.

II. Il y aura un Prévôt général dans chaque chef-lieu du ressort des Cours royales : ce Prévôt résidera dans le même lieu où siége la Cour royale.

III. Le Prévôt général est Inspecteur de la Gendarmerie qui se trouve dans le ressort de la Cour royale, près laquelle il résidera : la sûreté des routes, la police de sa juridiction repose sur sa tête. Le Prévôt jouira d'un traitement de 25,000 f.

IV. Il y aura un Colonel de Gendarmerie dans chaque ressort de Cour prévôtale. Ce Colonel sera sous les ordres du Prévôt général ; résidera près de sa personne ; sera son Lieutenant ; le suppléera en tout, en cas d'empêchement légitime de la part du Prévôt. Ce Colonel jouira d'un traitement annuel de... 10,000 fr.

V. Il y aura dans chaque chef-lieu de département un Capitaine qui sera chargé de la centralisation de la comptabilité de sa compagnie, de la correspondance et de la tenue des registres ; il sera secondé, dans son travail, par un Sous-lieutenant Quartier-maître. Ce Capitaine jouira d'un traitement annuel de............................... 4,116 fr.

Le Sous-lieutenant jouira d'un traitement de.. 1,744 fr.

VI. Il y aura dans chaque chef-lieu d'arrondissement, qui sera le siége d'un Tribunal de première instance, un Lieutenant qui correspondra directement avec le Colonel, et secondairement avec son Capitaine. Le Lieutenant jouira d'un traitement de. . . . . 3,044 fr.

VII. Les Capitaines et Lieutenans de la Gendarmerie, chacun dans leur résidence, rempliront les fonctions de Prévôt général, en qualité de ses Sous-lieutenans : ils dresseront tous procès-verbaux, feront toutes informations, dresseront tous actes judiciaires, conduiront la procédure jusqu'au point du jugement de compétence ; ils opéreront avec intelligence et célérité ; l'information terminée, ils renverront la procédure au Prévôt général, et assigneront les témoins en conséquence de ses ordres.

VIII. Au moyen du traitement fixé pour les Officiers ci-dessus, ils n'auront aucune indemnité à répéter pour fourrages, logement, frais de bureau et indemnités de route.

IX. La Gendarmerie royale se compose, comme ci-devant, du nombre de Maréchaux de logis, Brigadiers et Gendarmes. Ainsi qu'il est dit par l'ordonnance du Roi, ces brigades sont réparties comme ci-devant, et les individus qui les composent, seront traités comme ils l'étaient auparavant.

X. Dans le cas où quelque Cour royale, ou Tribunaux de première instance seraient supprimés, les Prévôts généraux, les Colonels et Officiers de tous grades de la Gendarmerie près de ces Cours ou Tribunaux, seront réformés de plein droit.

TARIF

DU TRAITEMENT

*Accordé aux Officiers, Sous-Officiers et Gendarmes royaux,
tant à pied qu'à cheval.*

TRAITEMENT des Officiers, Sous-Officiers et Gendarmes.		TRAITEMENT par an, de tous les individus de chaq. grade.
25 Prévôts généraux.	25,000 f.	625,000 f.
25 Colonels.	10,000	250,000
83 Capitaines.	4,116	341,628
250 Lieutenans.	3,044	761,000
83 Sous-lieuten. Quartier-maîtres.	1,744	144,752
332 Maréchaux de logis à cheval.	1,400	464,800
1100 Brigadiers à cheval.	1,300	1,430,000
7744 Gendarmes à cheval.	1,080	8,363,520
166 Maréchaux de logis à pied.	700	116,200
394 Brigadiers à pied.	600	236,400
3273 Gendarmes à pied.	500	1,636,500
Total....	49,484 f.	14,369,800 f.

La Gendarmerie, sur le pied actuel, coûte à l'État
la somme de.......................... .. 14,000,564 f.

Il en résulte un bénéfice, au profit du Trésor,
de la somme de....................... 369,236 f.

Ce déficit provient 1° du supplément de solde
accordé à tous les Officiers de Gendarmerie, à rai-
son de 600 fr. l'un ; de ce que les Prévôts, qui, en
ce moment sont payés isolément, sont portés en
dépense au compte du corps de la Gendarmerie.

Il est couvert par un bénéfice sur les Cours prévôtales, de....... .... 1,153,700 f.

2ᵉ par le traitement des Inspecteurs de Gendarmerie.

3° Par la suppression projetée de cinq Cours
royales, qui diminueront d'un égal nombre les
Prévôts et les Colonels de Gendarmerie.

Il résultera donc un bénéfice, au profit du Trésor,
de....... .... 1,400,000 f.